Niemand wird von heute auf morgen zum Engel, Läuterung ist eine anstrengende Angelegenheit. Darum genehmigt Chefausbilder Petrus seinen Lehrlingen zu Weihnachten einen Ausflug auf die Erde. Übermütig stürzt sich Goldschopf Eleusius dort auch gleich vom Rockefeller Center – was die New Yorker als weihnachtliche Flugshow missverstehen. Und auch sonst schlägt der himmlische Flügelträger gehörig über die Stränge ...

Eveline Hasler, in Glarus geboren, ist eine der profiliertesten Autorinnen der Schweiz. Ihr Werk wurde in mehrere Sprachen übersetzt und vielfach ausgezeichnet, unter anderem mit dem Schubart-Literaturpreis und dem Justinus-Kerner-Preis. Heute lebt Eveline Hasler im Tessin.

Eveline Hasler

Engel
im zweiten Lehrjahr

Deutscher Taschenbuch Verlag

Von Eveline Hasler
sind im Deutschen Taschenbuch Verlag
u. a. erschienen:
Anna Göldin (10457)
Ibicaba (10891)
Die Wachsflügelfrau (12087)
Der Zeitreisende (13073)
Aline und die Erfindung der Liebe (20955)

Ausführliche Informationen über
unsere Autoren und Bücher
finden Sie auf unserer Website
www.dtv.de

FSC
www.fsc.org

MIX
Papier aus verantwor-
tungsvollen Quellen
FSC® C019821

Ungekürzte Ausgabe 2011
2. Auflage 2012
Deutscher Taschenbuch Verlag GmbH & Co. KG,
München
Lizenzausgabe mit Genehmigung des Carl Hanser Verlags
© 2009 Nagel & Kimche im Carl Hanser Verlag, München
Umschlagkonzept: Balk & Brumshagen
Umschlaggestaltung nach einem Entwurf von
Hauptmann & Kompanie Werbeagentur unter Verwendung
eines Bildes von Michael Sowa
Gesamtherstellung: Druckerei C. H. Beck, Nördlingen
Gedruckt auf säurefreiem, chlorfrei gebleichtem Papier
Printed in Germany · ISBN 978-3-423-21327-1

1 Der Ausflug der Engel

Neuerdings war es zur himmlischen Gepflogenheit geworden, am 24. Dezember den Engeln vom ersten und zweiten Lehrjahr auf Wunsch einen kleinen Erdenurlaub zu gewähren. Besonders die noch nicht sehr geläuterten Engel nutzten liebend gern die Gelegenheit, eine Exkursion auf die weihnachtlich eingestimmte Erde zu machen.

Am Morgen des Heiligabends überblickte Petrus die kleine Gruppe der Reiselustigen, die erwartungsvoll vor ihm stand. Seinem väterlichen Kontrollblick entging nicht, dass sich unter ihnen der wilde Lockenkopf des Eleusius befand. Eleusius war ein eifriger Lehrling, aber immer wieder wurde er beim Wolkenschieben und bei anderen Streichen ertappt. Neulich hatte er einen jungen Engel durch heftiges Flügelschlagen so lange erschreckt, bis Petrus ihn mit Donnerstimme zur Ordnung rufen musste: «Eleusi, lass das! Willst du nun ein Engel werden oder lieber eine wildgewordene Fledermaus?!»

Eine Fahrt nach Erden wird seinen Übermut kühlen, dachte Petrus.

Nun gab der himmlische Torwächter der Reisegruppe letzte Ermahnungen mit auf den Weg: «Engel im ersten und zweiten Lehrjahr! Ich weiß, es macht euch Spaß, zur Erde zu fahren. Aber ein Engel frönt nie nur seinem Vergnügen, ihr habt eine Mission zu erfüllen! Unser himmlisches Management ist nämlich zu der Erkenntnis gelangt, dass im dritten Jahrtausend die Menschen mehr denn je Engel nötig haben! Habt ihr vielleicht eine Ahnung, warum dem so ist?»

Dagobert, ein magerer, schüchterner Engel, wagte eine Erklärung: «Die Menschen sind zu sehr abgelenkt ... Sie lenken Autos, Flugzeuge, Fahrräder ... Sie wirken so fahrig ...»

«Gut beobachtet, Dagobertus», lobte Petrus. «Das könnte eine von vielen möglichen Erklärungen sein. Doch unser himmlisches Management gibt uns eine andere: Noch nie zuvor haben sich die Menschen den Kopf vollgestopft mit Millionen von Einzelheiten, die sie erfahren, wenn sie vor ihren Bildschirmen sitzen. Es ist ein zusammenhangsloser, unnützer, irdischer Plunder! Oder glaubt ihr, es nütze der Menschheit etwas, zu wissen, wie oft Elizabeth Taylor sich scheiden ließ? Oder wer 1972 die Fußballweltmeisterschaft gewann? Wie viele Blütenblätter das Scharbockskraut hat? Wie viele Pizzas der italienische Staatspräsident im Verlauf eines Jahres isst? Ach, es ist ein Sammelsurium, ein Steinbruch von unwichtigen Informationen, kullernde Kiesel und Brocken, die ihre Hirnkästen ausfüllen. Dagegen können sie aber die großen Menschheitsfragen nicht mehr beantworten! Im Klartext: Sie haben keine Ahnung mehr, woher sie kommen, wohin sie gehen, wozu sie auf Erden sind! Neben dem Wissenswust ist kein Platz mehr da, um auf die innere Stimme zu hören!»

«Wie schlimm», seufzte Hyazinth, der ein besonders sanfter und mitfühlender Engel war.

Petrus nickte. «Wie ihr wisst, erschrecken die Erdenbürger über den Glanz unserer großen

Himmelsgeister. Ihr, die noch nicht sehr geläuterten Engel, seid also die geeigneten Boten, um diese Fehlentwicklung etwas abzumildern, und das himmlische Management rechnet mit eurem Einsatz! Ihr sollt die Menschen wieder auf ihre großen Fragen aufmerksam machen! Eleusius, kennst du die Weihnachtsbotschaft?»

«Ja, Chef», sagte Eleusius und fügte feierlich hinzu: «Friede auf Erden.»

Petrus erkundigte sich nun bei jedem der Reiselustigen nach den gewünschten Flugzielen. «Du, Dagobertus?»

Dagobert schlug verlegen mit seinen kurzen Flügeln, zeigte die knochigen Beine und sagte: «Ich möchte nach Paris.»

«Nach Paris? Aha. Und warum?»

«Ich möchte hoch oben auf der Spitze des Eiffelturms sitzen.»

«Du heilige Einfalt», seufzte Petrus.

Die trivialen kleinen Vergnügungen der Lernengel überraschten ihn jedes Mal erneut.

«Und du, Segafredo?»

Segafredo war ein pummeliger Engel, der nach

der Gepflogenheit der wenig Geläuterten beim Singen himmlischer Lieder gern auf den weichen Wolkenpfuhlen einschlief.

Segafredo äußerte mit leuchtenden Augen den Wunsch, nach Rom zu fliegen.

«Wozu das?»

«Im Viertel von Trastevere langsam an den Pizzaständen vorbeischweben … nein, Petrus, nichts davon kosten!!, nur», er verdrehte seine südländisch geschnittenen Augen, «nur ein wenig … schnuppern … Ach, die Pizza Margherita war mir immer die liebste …» Als er sah, wie Petrus die Stirn runzelte, fügte er schnell hinzu: «Und dann möchte ich die herrenlosen Katzen füttern im Kapitol …»

«Ist das alles?»

Segafredo nickte eifrig.

«Du heilige Einfalt», murmelte Petrus noch einmal. «Und du, Eleusi?»

Eleusius richtete seinen engelischen, schon leicht vergoldeten Zeigefinger hinunter Richtung Erdkugel. «Ich möchte in eine der großen, modernen Städte, in denen Wolkenkratzer stehen.»

Petrus kratzte sich hinter dem Ohr. «Du meinst also Manhattan ... oder reicht dir auch Frankfurt?»

«Mit Verlaub, es müssen Wolkenkratzer sein mit mindestens fünfzig Stockwerken», sagte Eleusius leicht geniert und schüttelte seine blonden Locken.

«Aha. Hmm, und wozu, wenn man fragen darf?»

«Liftfahren», hauchte Eleusius. Er errötete sanft bis in die Flügelspitzen, denn Engel sind durchsichtig, und Gedanken und Gemütsregungen sind ihnen immer gleich anzusehen.

Petrus seufzte. Während frühere Engelsgenerationen sich damit begnügt hatten, lange Jakobsleitern hinauf- und hinabzugleiten, schwärmten die heutigen von den prickelnden Sensationen, die Liftfahren bei Flügelträgern hervorruft.

«Und was sonst noch?»

«Noch in eins der Bergdörfer ... Tolle Sesselbahnen schweben dort hinauf, bis zu den Drei- und Viertausendern ...»

«In ein Alpental also. Österreich, Schweiz oder Bayern?»

«Das ist mir egal.» Eleusius zuckte die Schultern, seine Flügel zitterten leicht aus Vorfreude.

«So flieg denn, in Gottes Namen», entschied Petrus eingedenk der Tatsache, dass das himmlische Management den autoritären Führungsstil in jüngster Zeit etwas gelockert hatte. Nur der Stellvertreter auf Erden beharrte noch rigoros auf alten Prinzipien.

«Ich erwarte euch alle pünktlich zurück zu den großen Hallelujafeiern!», rief Petrus der Gruppe abschließend zu. «Sonst muss ich meinen Blitz hinunterschicken, der auch einen Engel unangenehm zwickt, verstanden?»

«Ja, Chef», murmelten die Engel.

«Und noch eine Warnung: Ein Engel darf auf Erden, welche Zustände er dort auch sehen mag, niemals seufzen! Wenn ein Engel seufzt, stürzen auf Erden die Computer ab. Dieser elektronische Menschenkram, der in allen Büros und Privaträumen steht, beschlägt sich durch Engelsseufzer und gerät aus dem Takt …»

Schon etwas zerstreut nickten die Lehrengel, zum Zeichen, dass sie verstanden hatten.

Dann endlich gab Petrus das Startsignal. Die

Lehrengel sausten durch das Weltall nach unten Richtung Erdkugel. Die Erde schwamm hübsch in blauen Weiten und gab, wie auch neueste irdische wissenschaftliche Studien bestätigten, bei ihrer Drehbewegung eine eigene Melodie von sich, deren Erklingen in den jungen Engeln eine Freude des Wiedererkennens auslöste.

2 Eleusius fährt Lift

Einen oder zwei Augenblicke später – im Reich der Engel ist die Zeit relativ – stand Eleusius in Jünglingsgestalt auf der Rockefeller Plaza mitten in Manhattan. Rings um sich herum bemerkte er eine Vielzahl von Menschen, die meisten von ihnen betrachteten den riesigen Christbaum, der wie jedes Jahr um diese Zeit hier aufgestellt war. Eleusius konnte der Anblick des beleuchteten Baums nur ein mitleidiges Lächeln abringen: Flitter und Glitter, welch schäbige Imitation des himmlischen Lichts auf Erden!

Neben ihm stand eine junge Frau, die hingerissen auf die elektrischen Kerzen starrte. Im nächsten Augenblick drehte sie sich nach einem kleinen Jungen um, der dicht hinter ihr stand, dabei stieß sie Eleusius mit ihrem Ellbogen an. «Verzeihung», sagte sie. Sie strahlte ihn an, ihr rötliches Haar glich dem himmlischen Abendrot. Der Engel riss sich nur ungern vom Anblick der lächelnden Frau los. Als er sich einen Weg durch die Menge bahnte, achtete er darauf, nicht plötzlich zu schweben.

Kurze Zeit später verschwand er im Lift eines Wolkenkratzers an der Breitseite des Platzes.

Rosy starrte noch immer auf den Weihnachtsbaum, es begann zu schneien. Wie immer am 24. Dezember befand sie sich in einer seltsamen Stimmung: Es war ihr, als müsse etwas Ungewöhnliches passieren. Trotz dieses Vorgefühls war der Heiligabend in den letzten Jahren für sie ohne große Ereignisse verlaufen, es gab nur eine Feier in einem Altenheim, Jahr für Jahr saß sie dort am Klavier und spielte Brahms.

Sie blickte nach oben, die Spitzen der Wolkenkratzer schwammen im schon leicht dämmrigen Himmel. Sie spürte plötzlich Lust, im vornehmen Rainbow-Restaurant ganz oben im höchsten Wolkenkratzer einen Drink zu nehmen und auf das weihnachtliche Manhattan hinabzuschauen.

Da hörte sie hinter sich eine dünne Stimme: «He, Rosy, es ist teuflisch kalt!» Sie drehte sich um, da stand Tom, der siebenjährige Sohn ihrer

Wohnungsnachbarin, im Glanz des Baums. Wie jeden Tag wartete er, bis seine Mutter, die in einem Fast-Food-Restaurant an der 58. Straße arbeitete, Feierabend machen konnte.

«Tom, ich hab eine Idee, komm, wir fahren mit dem Schnelllift zum Rainbow-Restaurant hinauf! Wenn du willst, spendiere ich dir zur Feier hoch über der Stadt ein Himbeereis! Deiner Mutter sage ich rasch am Telefon Bescheid, dass ich dich nachher direkt nach Hause bringe.»

Die junge Frau und der kleine Junge warteten im Erdgeschoss des Wolkenkratzers auf den Lift. Jedes Mal, wenn die rote Lampe anzeigte, dass der Lift vom fünfzigsten Stock herunterkam, erwarteten sie, gleich einsteigen zu können. Aber jedes Mal flitzte der Fahrstuhl, nach einem kurzen Halt im ersten Stock, gleich wieder nach oben.

Tom pfiff durch die Zähne. «Da ist ein Profi am Werk», knurrte er. Tom kannte sich im Liftfahren aus, bei Regenwetter verbrachte er ganze Nachmittage in den Aufzügen der Warenhäuser.

«Wir schnappen ihn eine Etage höher, komm», sagte er zu Rosy und zog sie die Treppe hinauf.

Das Manöver glückte, der Lift kam an, die Tür öffnete sich – die Kabine war leer bis auf einen jungen Mann, der etwas verlegen in einer Ecke stand.

«Welcher Stock?», fragte ihn Rosy, als sie vor den Knöpfen stand.

«Der Weg ist das Ziel … fahren ist alles», stotterte der Mitfahrer. Sein Lächeln bat um Entschuldigung. Rosy erkannte in ihm den Passanten von vorhin, den sie vor dem Weihnachtsbaum aus Versehen angestoßen hatte. Diese blonden Locken, und das gutgeschnittene, ungewöhnliche Gesicht! Auch er hatte sie wiedererkannt. Sie sahen einander ein wenig verwirrt an, dann lachten sie beide.

«Ach bitte, Rosy, lass uns doch mit dem Liftfreak erst ein paarmal hoch und runter sausen», bettelte Tommi. Und zu dem Fremden sagte er: «Liftfahren macht mega Spaß, stimmt's?»

Eleusius nickte und lächelte versonnen. Wie konnte er dem Kind erklären, dass Liftfahren bei Flügelträgern ganz wunderbare Gefühle hervorruft? Wie Champagnerbläschen, die in meinem Innern auf- und absteigen, dachte er und war sich sogleich bewusst, dass nur ein wenig geläuterter Engel zu einem solchen Vergleich fähig war.

Unterdessen waren Eleusius' Wangen von der Fahrt pfirsichrot geworden. Rosy sah, wie er sich eine Locke aus der verschwitzten Stirn strich. Auch ihr war vom Fahren in dem geschlossenen Kasten heiß geworden.

«Wir gehen jetzt etwas trinken im Rainbow-Restaurant», sagte sie.

«Ich krieg ein Himbeereis!», rief Tom begeistert.

«Darf ich mich anschließen?», fragte der Engel.

Vor dem Rainbow-Restaurant standen zwei Mädchen in Minis. Sie hatten den Auftrag, schlecht gekleidete Gäste von dem vornehmen Lokal fernzuhalten. Die Größere achtete auf die Kleidung, die Kleinere auf die Schuhe. Jogginganzüge und Sportschuhe, selbst Edelmarken der teuersten Liga, fanden keine Gnade. Das altertümlich aussehende, schwingende Cape des Engels erweckte ihr Misstrauen, aber kürzlich hatten sie einen Mann in einem Hirtenhemd abgewiesen und waren später von ihrem Chef angeschnauzt worden, diese Hemden seien auf den Loft-Partys in Soho gerade der letzte Schrei! Auch bei gammlig wirkenden Gästen war Vorsicht geboten, kunstvoll zerschlissene Jeans wurden derzeit in den Boutiquen am West-Broadway zu horrenden Preisen angeboten.

Hätte der Engel also, was seine Kleidung betraf, gerade noch passieren können, fiel doch die Schuhinspektion negativ aus. «Stop!», rief die Kleine. Sie zeigte auf die seltsamen weißen, mit Bändeln geschnürten Sneakers aus Leinen, eine Art Ballettschuhe vielleicht?

Eleusius bückte sich und fuhr mit seinen Fingerspitzen darüber, und plötzlich hatte der Stoff goldene Streifen. Rosy drängte sich energisch vor: «Miss, das sind doch Spezialweihnachtsschuhe, die nur am 24. Dezember getragen werden! Die Warenhäuser in der Midtown verkaufen heute ganze Regalladungen davon!»

«Okay», sagte, unsicher geworden, die kleine Türsteherin.

Die Platzanweiserin führte die drei zu einem Tischchen am Fenster.

«Himmlisch, nicht?», sagte Rosy. Sie zeigte nach unten, die Rockefeller Plaza sah von hier oben aus wie ein am Boden liegendes, aufgefaltetes Taschentuch. «Es muss doch immer noch höllisch kalt sein draußen, und trotzdem stehen so viele Menschen um den Lichterbaum herum!»

Eleusius, der die himmlischen Aussichten kannte und über höllische Temperaturen Bescheid wusste, schwieg wohlweislich.

Sie schaute ihn offen eine ganze Weile lang an. «Sie sind sympathisch, aber auch … ungewöhnlich», sagte sie schließlich. «Wie heißen Sie eigentlich?»

«Eleusius», sagte Eleusius.

«Eleu… das klingt aber altertümlich. Dabei sind Sie doch noch jung! Hätten Sie was dagegen, wenn ich Ihren Namen ein bisschen abändere? Ich nenne Sie einfach Eleusi.»

«Daran bin ich gewöhnt», lächelte der Engel und dachte an die temperamentvollen Ermahnungen von Petrus.

Unterdessen hatte Tom mit bemerkenswertem Tempo sein Eis gelöffelt.

«Wo werden Sie heute Abend feiern?», fragte der Engel die junge Frau.

«In einem Altenheim», sagte Rosy. «Ich spiele Klavier, und einige der alten Leute singen Weihnachtslieder. Hätten Sie Lust mitzukommen? Die betagten Menschen freuen sich über ein neues und junges Gesicht.»

«Das würde ich sehr gerne tun», sagte er. «Aber ich fürchte, ich muss zu meiner eigenen Feier zurück sein.»

«Wohl in Ihrer Familie?», fragte Rosy etwas enttäuscht. «Ich meine, feiern Sie zu Hause oder im Hotel?»

Eleusi nickte verlegen. «Na ja, es ist eine Feier gleichsam auf höchster Ebene.»

«Im fünfzigsten Stock wohl?», witzelte sie.

«Höher.»

«Noch höher? Toll», sagte sie.

Er strahlte sie an, und in ihren Augen spiegelte sich sein Leuchten. Er fand sie schön wie ein Engel, nur etwas körperhafter, was ihm, da er noch nicht sehr geläutert war, wie wir wissen, sehr gut gefiel.

Unterdessen war es draußen dämmrig geworden, in den Straßen gingen überall gleichzeitig die Lichter an.

Der Engel erschrak. «Wie spät ist es?», fragte er.

«Es ist Viertel nach vier», antwortete Tom und dachte an seine Mutter, die bald aus dem Fast-Food-Restaurant kommen würde.

Rosy machte der Kellnerin ein Zeichen.

«Ach du lieber Himmel», flüsterte Eleusius und wurde sehr blass. Er griff in seine Tasche. «Ich habe kein Geld dabei», sagte er leise.

Rosy sah seine Verlegenheit und lächelte. «Sie kommen mir sehr weltfremd vor», sagte sie.

Er nickte zerstreut. Es ärgerte ihn, dass er sich nicht daran erinnert hatte: Auf Erden war nichts, aber wirklich nichts ohne Geld zu haben. Auch Petrus, der doch sonst an alles dachte, musste es vergessen haben.

Die Himmlischen ignorierten diese materiellen Nichtigkeiten, wie sie es nannten, ja, sie zeigten nicht einmal Interesse am Geschäftsgang jener Banken, die ausdrücklich nach dem Heiligen Geist oder nach dem Bischof Ambrosius in Mailand benannt worden waren!

«Ärgern Sie sich nicht, ich zahle für Sie mit», sagte sie.

«Ich zahle es bestimmt zurück», versprach er.

«Oh, dann sehen wir uns also wieder?»

Er nickte und lächelte bittersüß.

3 Eleusi stürzt auf den Rockefeller-Platz

Eleusius dachte an seine weiteren Reiseziele. Er musste jetzt sein Take-off vorbereiten, aber wie? Jede Form des Abschieds kam ihm peinlich vor. «Ich gehe kurz an die frische Luft», sagte er schließlich, als ihm nichts anderes einfiel. War da draußen nicht eine kleine Aussichtsterrasse?

Rosy schaute sich nochmals nach der Bedienung um. Die Kellnerin stand an der Theke, und ein hagerer älterer Mann in dunklem Anzug sprach heftig auf sie ein. Ach, du mein Schreck, durchfuhr es Rosy, das ist ja Reverend Littlebread! Er kann es einfach nicht lassen, junge Frauen zu bekehren! Unangenehm, der Mensch, dabei ist er ja einfach Hilfsprediger. Und hier oben soll er es bleibenlassen. Außerdem will ich jetzt zahlen!

Tom drückte unterdessen seine Nase am Aussichtsfenster platt und zählte mit dem Finger die beleuchteten Christbäume in den Wohnungen. «He, Rosy», rief er plötzlich, «guck mal, wie die Leute auf dem Platz alle zu uns heraufstarren! Und jetzt kommt auch noch die Feuerwehr!»

«Hoffentlich brennt es nicht», sagte sie. Sie drehte sich um und sah durch das rückseitig gelegene Fenster etwas Entsetzliches. Auf dem Geländer der Aussichtsterrasse, direkt über dem gähnenden Abgrund, stand balancierend ein junger Mann. Er trug ein schwingendes Cape und sah den Umständen entsprechend leichenblass aus.

Rosy rannte hinaus und schrie: «Eleusi! Eleusi! Bitte bringen Sie sich nicht um! Wegen der lumpigen fünf Dollar!»

In der Tiefe hörte man die Sirene der Feuerwehr.

Männer sprangen aus dem Wagen und breiteten ein neuartiges Sprungtuch aus.

«Friede auf Erden!», rief der junge Mann im hellen Umhang.

Die Menge auf dem Platz starrte herauf. Einige kreischten entsetzt – war doch zu erwarten, dass der junge Mann die fünfzig Stockwerke des

Wolkenkratzers hinab in die Tiefe sausen würde, schon wieder einer von diesen Lebensmüden!

Eleusi stand auf dem Geländer der Terrasse und blickte in die Tiefe.

Natürlich hätte er sich mit einem einzigen engelischen Flügelschlag nach oben wenden und innerhalb weniger Augenblicke am Horizont verschwinden können. Aber Tommis Augen, die hinter dem Fensterglas erwartungsvoll auf ihn gerichtet waren, gaben ihm die Inspiration für eine andere Idee. Hatte er es nicht in den Kinderjahren seines Erdenlebens genossen, vom Zehnmeterbrett durch die laue Sommerluft dem Wasser entgegenzustürzen?

Er beschloss, sich und den Zuschauern eine kleine Show zu bieten. Eleusi stieß sich vom Geländer ab. Wie die Menge unten es erwartete, fiel er pfeilgerade hinab, vom Platz herauf waren vereinzelte Schreie zu hören. Doch dann geschah das Unglaubliche: Er machte einen Looping, umfasste dann seine Knie und rollte sich zu einer golden glänzenden Weihnachtskugel zusammen. Im nächsten Augenblick sah man, dass die Kugel wie ein riesiger Ballon langsam, in traumhafter Zeitverzögerung, Richtung Platz und Christbaum hinabschwebte. In den Blicken der unten stehenden Menschen machte die ängstliche Erwartung einem ehrfürchtigen Staunen Platz. Offenbar wohnten sie hier einer wunderbaren Flugschau bei – was sich die Stadt zur Feier des himmlischen Festes nicht alles einfallen ließ!

Unten stand ebenfalls einer der tüchtigsten Feuerwehrmänner New Yorks, sein Spitzname lautete «Jack, der Feuerkiller», und er hatte, zusammen mit seinen Kollegen, schon ein neuartiges Sprungtuch ausgebreitet, auf dessen Tauglichkeit er sehr gespannt war. Er hatte beim städtischen Sicherheitsausschuss eine Erhöhung des Kredits beantragt, denn diese neuen, noch nicht im Einsatz erprobten Tücher mit echtem «Sprungflummi», so die Markenbezeichnung, kosteten ihren Preis. So sah Jack dem Geschehen erwartungsvoll entgegen, gleich musste das seltsame Flugobjekt das Tuch berühren und dessen einzigartige Spannungskraft beweisen.

Eleusi sah sich auf das Tuch zuschweben, er nahm auch das von beruflich bedingtem Eifer glänzende Gesicht des Feuerwehrmanns wahr. Mit der Anmut eines Balletttänzers löste Eleusi sich aus der Kugelform, und nun berührten seine Füße das Tuch. Augenblicklich schnellte der Flugkünstler empor bis zur Spitze des Christbaums. Die Menge ächzte vor Bewunderung, atemlos verfolgte sie seinen weiteren Höhenflug an der Fassade des Wolkenkratzers mit zunehmendem Tempo empor bis zum obersten Stockwerk. Dann schwebte das Flugobjekt weiter, bis es hoch über dem Platz zwischen den Wolken verschwand, nur ein rosarotes Wölkchen zeigte sich noch an der Stelle, wo es sich aufgelöst hatte.

«Phänomenal!», entfuhr es Jack, dem Feuerkiller.

Im Kopf rechnete er schon, was es kosten würde, bei der Stadtverwaltung gleich weitere fünf dieser sensationellen Sprungtücher zu beantragen.

«Ach, Eleusi! Was der da macht, ist ja völlig gefährlich!», seufzte Rosy aufgelöst.

«Was willst du, es ist eben ein Engel», sagte Tom. «Heute ist doch der 24. Dezember.»

4 Eleusi begegnet den Nöten
der Menschen

Eleusius hatte während seines Flugs in viele der erleuchteten Wohnzimmer des Gebäudes gegenüber schauen können. Es schien ihm, er habe in diesen Räumen nicht nur festlich gedeckte Tische und geschmückte Bäume gesehen, er habe auch blitzschnell etwas mitbekommen von den Nöten, Mühen und Sorgen der Menschen, die darin wohnten.

Nein, ich will jetzt nicht entschweben, dachte er. Es zieht mich zurück in die Nähe der Leute, wer weiß, ob sie nicht gerade heute Abend einen Engel nötig haben? Und so kehrte er von den Weiten des Abendhimmels zurück zu den Wohntürmen der Erdbewohner.

Wie erleuchtete Waben sahen die Wohnungsfenster aus.

Zuoberst unter dem Flachdach mit dem Gewirr der Antennen blickte Eleusius in eine kleine

Wohnung. Ein Schriftsteller hatte sie gemietet. Obwohl die Miete der Räume fast so hoch war wie ihre Lage im Haus, versprach sich der Dichter in dieser luftigen Höhe mit dem Blick auf den fernen Fluss Inspiration.

Der Schriftsteller saß am Schreibtisch, nur eine kleine einsame Kerze flackerte.

Eleusius trat auf den Balkon und klopfte ans Fensterglas.

Der Schriftsteller stand auf und öffnete, er schien nicht übermäßig erstaunt zu sein, einen Jüngling eintreten zu sehen, denn in seinen Geschichten passierten stets außergewöhnliche Dinge.

«Ich sehe, dass du bekümmert bist», sagte Eleusius. «Das heißt, falls ich es richtig deute. Sehr bekümmert sogar.»

Der Dichter blickte nachdenklich in das Gesicht des jungen Mannes. Seltsam, wo er doch sonst so menschenscheu war – von dem Fremdling fühlte er sich verstanden. Ein Wesen, das fähig war, im 47. Stock überraschend von außen ans Fenster zu klopfen, das konnte nur über ganz besondere Fähigkeiten verfügen, das war dem Geschichtenschreiber klar.

«Eine erstaunliche Empathie», murmelte der Schriftsteller. «Kannst du Gedanken lesen?»

Eleusius errötete leicht. «Ach ja, es gehört ein bisschen ... also sozusagen zu meinem Beruf. Aber auch du kennst ja die Einfühlung in deine Gestalten. Tust du dich schwer mit dem Schreiben?»

«So ist es. Ich sitze schon seit über sieben Jahren hier an meinen Entwürfen, und das große Werk, von dem ich immer schon geträumt habe, ist noch nicht geschrieben.»

«Gute Schriftsteller sollen sich besonders schwertun mit dem Schreiben, habe ich gehört», versuchte Eleusius zu trösten. «Und sieben Jahre sind ...»

«Ja, sieben Jahre», fiel ihm der Schriftsteller ins Wort. «Im Verlauf dieser Zeit sind meine Haare weiß und dünn geworden. Um leben zu können, verfasse ich hin und wieder kleine Häppchen und mühe mich ab, sie in Zeitungen unterzubringen. In jüngster Zeit erscheinen sie auch im *New Yorker*, das freut mich. Aber in meinen Träumen schreibe ich an meinem Hauptwerk ...»

Eleusius nickte langsam. Wieder dieses leidige

Geld. «Wo Geld ist, sitzt der Teufel, und wo kein Geld ist, sitzen zwei», hatte er einmal sagen hören. Wie dem auch sei, die Sorgen der Irdischen gingen ihm jedenfalls zu Herzen. Nach einer Pause sagte er: «Sieben Jahre, ist das denn wirklich eine so lange Zeit für dich?»

«Du machst wohl Witze!», sagte der Dichter. Er blickte seinem Gegenüber lange ins Gesicht und fuhr fort: «Verstehst du, es macht mich total schwermütig. Ich stehe am Morgen auf, und schon ist es Abend. Ein Tag nach dem andern öffnet am Morgen seine Blütenblätter, die am Mittag verwelken, und am Abend sind sie für immer dahin. Was ist schon ein Jahr? Ein schwankender Schatten auf dem ziehenden Wasser drüben auf dem Fluss. Nun, klingt das poetisch in deinen Ohren, junger Mann? In Wirklichkeit ist diese Aneinanderreihung von Momenten der immer selben Hoffnung eine lange Dauer.»

«Die Wirklichkeit?» Eleusius lächelte. «Ach, ihr Irdischen! Ihr zählt Stunden, Minuten, Sekunden, doch das ist nicht wirklich. Ich sage dir etwas: Ihr seid inmitten der Ewigkeit und wisst es nicht.»

«Du scheinst mir sehr belesen», sagte der Mann am Schreibtisch und stützte versonnen den Kopf in die Hand. «Hat das nicht ein Dichter geschrieben? Ein Franzose? Ein Deutscher? Vor Jahrzehnten? Vor Jahrhunderten?»

«Keine Ahnung.» Eleusius zuckte die Schultern. «Es stammt eigentlich von meinem Management. Aber Künstler haben da manchmal eine direkte Linie zu den Kochtöpfen der Weisheit.»

«Ist es diese Botschaft, die du mir heute, an Weihnachten, bringst?»

«Ja. Und Friede auf Erden.»

Eleusius entschwebte.

Ein paar Stockwerke tiefer sah er in einem Wohnzimmer neben einem Weihnachtsbaum eine weinende Frau.

Sie wirkte noch sehr jung, wie sie so dastand in einem weit ausgeschnittenen Partykleid, mit gesenktem Kopf, die dunklen Haare umrahmten das schlanke Gesicht. Die Balkontür stand einen Spaltbreit offen, die Frau hatte eben die Tür aufgestoßen, denn im Raum mit dem Christbaum herrschte dicke Luft. Vorhin hatte sie sich heftig mit ihrem Ehemann gestritten. Sie waren erst seit kurzem verheiratet, und es war ihre erste große Auseinandersetzung gewesen.

Eleusius trat ein, um sie zu trösten.

Sie starrte ihn mit rot verweinten Augen an, ließ es dann geschehen, dass er behutsam den Arm um sie legte.

«Hattet ihr Streit?»

Sie nickte. «Es ist die erste Enttäuschung in meiner Ehe. Und jetzt fühle ich nichts in mir, außer dass alles in Scherben gegangen ist.»

«Du wirst verstehen und verzeihen lernen», murmelte der Engel. Zur Bekräftigung legte er seine Hand sachte auf die Stelle, wo er ihr Herz wusste. Zu seinem eigenen Erstaunen schmolz dort, wo seine Hand lag, der dünne Stoff des Partykleids. Er spürte die Zartheit ihrer Haut, die trauernde Frau kam ihm sehr kostbar vor.

Sie atmete nun ruhiger. Scheu warf sie einen Blick auf den schönen Fremdling und dachte: Ach, hätte ich doch nur Michel zum Mann genommen, der auch so verträumte Augen hatte wie der hier! Aber Michel hat sich schwer damit getan, regelmäßig Geld zu verdienen. «Nimm doch lieber den reichen Ben», hatten ihre Freundinnen geraten, «Geld macht sexy! Schließlich musst du dafür sorgen, dass deine zukünftigen Kinder einen Vater haben, der euch anständig versorgen kann!» Und was war dann passiert? Ausgerechnet Ben hatte ihr soeben, am Weihnachtsabend!, gesagt, ein Kind komme für ihn nicht in Frage, solange er noch andere Wünsche hege, die er sich erfüllen wolle: ein Segelschiff, ein Ferienhaus am Meer … So ein Kind koste eben eine Menge.

In diesem Moment kam der Ehemann von einem kurzen Besuch einer Bar in die Wohnung zurück.

Da sah er seine Frau mit einem fremden jungen Mann vor den Zweigen des Christbaums stehen. Reglos wie in Trance, eng umschlungen. Das Kleid seiner Frau schien etwas verrutscht.

«He, was zum Teufel geht hier vor?!», rief Ben.

«Sei nicht böse», sagte die Ehefrau ängstlich. «Er ist mir einfach zugeflogen!»

«Dann fliegt er jetzt auch wieder – nämlich raus!», sagte der Mann, der groß und kräftig war. Er ging auf Eleusius zu, wollte ihn packen, hinausdrängen und über das Geländer werfen. Doch der Engel entwischte. Er schwebte noch einen Moment lang vor dem Balkon, und der Mann starrte auf ihn wie auf eine Erscheinung. Seltsam, aber der Anblick machte ihn plötzlich ruhig.

Er sah seine Frau an, als sähe er sie zum ersten Mal. «Verzeih mir», sagte er. «Ich will mich nicht mit dir streiten. Wir können in Ruhe noch mal über alles reden ... Ich habe dich gar nicht gefragt, ob du mich so bedrängt hast, weil es vielleicht ja schon unterwegs ist, dein ... äh ... unser Kind?»

Sie nickte. «Es ist uns zugeflogen.»

«Friede auf Erden», murmelte der vor dem Balkon schwebende Engel und entschwand.

Eleusius flog hinunter zum Erdgeschoss des Wohnblocks, wo die Menschenmenge sich schon verlaufen hatte. Im Erdgeschoss waren die Wohnungen enger und billiger. Gegen den Hof hinaus, mit vergitterten Fenstern, wohnte eine der Hausmeisterinnen mit ihrem Sohn, sie stammten aus Puerto Rico. Der Blick in den Wohnraum machte Eleusius stutzig. Familienmitglieder und Freunde hatten sich um eine Trage mit einem Verletzten versammelt, die Stimmung schien gedrückt zu sein, eine Frau weinte.

Unbemerkt trat der Engel ein und setzte sich neben eine voluminöse alte Frau in vielen schwarzen Röcken. Sie nahm von ihm Notiz, beachtete ihn zunächst aber nicht weiter. Sie schien ihn für einen jungen Verwandten zu halten.

«Wie steht es mit ihm?», fragte Eleusius.

«Der Arzt war eben hier und machte wenig Hoffnung, der Transport zum Krankenhaus wäre zu riskant.» Die alte Frau begann zu weinen. Schluchzend fügte sie hinzu: «Ach, er ist auf seinem Motorrad immer zu schnell gefahren. Wie oft habe ich ihn gewarnt …»

«Wann ist der Unfall passiert?»

«Heute früh. Gar nicht weit von hier, vorne an der Straßenecke.»

«Und wo ist seine Mutter?», fragte Eleusius.

«Sie sitzt da drüben an der Wand, sie ist ganz aufgelöst vor Trauer. Weißt du, er ist erst achtzehn. Ihr einziges Kind! Der Ehemann ist früh verstorben. Der Tod darf ihr jetzt nicht das Einzige nehmen, was ihr geblieben ist …»

Eleusius stand auf und trat an die Bahre. Der

Verletzte trug einen Kopfverband, der nur die Augen freigab, die sich jetzt einen Moment lang öffneten. Erstaunt blickte er Eleusius an, ein milder Glanz fiel auf sein Gesicht.

«Er ist ganz friedlich geworden», stellte einer der Verwandten fest, ein schwarzhaariger Mann mit einem kantigen kupferfarbenen Gesicht.

«Ob das wohl ein gutes Zeichen ist?», wollte sein Nachbar wissen.

Eine Frau murmelte: «O ja, er wird gewiss wieder gesund!»

Doch Eleusius sah, was sonst niemand sah.

Hinter dem verletzten jungen Mann stand der Todesengel.

Es war eigentlich eine Engelin, und diese himmlische Botin hatte nichts Schreckliches an sich, wie die Menschen glauben. Ihr Gesicht war rund und mild wie der Vollmond, ihre Arme waren weich, ihre Flügel irisierten wie die eines Schmetterlings in allen Regenbogenfarben. Wie irdische Hebammen helfen, Menschenkinder auf die Welt zu bringen, so war diese Engelin ebenfalls eine Hebamme, sie trug die Sterbenden in ihren mütterlichen Armen hinüber an das Ufer des neuen Lebens.

Eleusius ging zur Mutter des Verletzten hinüber und drückte ihr die Hand: «Es gibt keinen
Tod, Madam, glauben Sie mir, das Leben überlebt! Euer Sohn geht voraus und wird drüben auf
Sie warten. Friede auf Erden!»

«Verpiss dich, du bist wohl von der Heils-
armee», rief der Freund des Sterbenden.

«Ja, woher kommst du eigentlich?», fragte die
alte Frau, die vorhin neben ihm gesessen hatte.

Aber Eleusius verließ schweigend die Wohnung. Draußen im Hof fühlte er sich elend.
Warum tappen die meisten Menschen blind im
Leben herum?, dachte er. Sie verdrängen die letzten Dinge, der Tod ist für sie ein schwarzes Loch.
Es geht ihnen wie den kleinen Tieren unter der
Erde, die im Winter nur den Tod ihrer Vorrats-
zwiebel betrauern, sie sehen nicht, dass sich später aus der schlaffen Hülle eine wunderbare Blüte
entfaltet. Warum ist ihnen der Sinn von Werden
und Vergehen abhandengekommen? Früher einmal haben die Menschen, die mit der Natur ver-
traut waren, ihre Pflanzen unter dem Schnee
beobachtet und etwas davon geahnt …

5 In der Trostgrotte

Belastet mit diesen Überlegungen und in nieder-
geschlagener Stimmung sah Eleusius auf der andern Hofseite eine offene Tür, buntes Licht und
beschwingte Musik drangen auf die Straße heraus. Über der Tür las er die Aufschrift «Trost-
grotte».

Es war eine kleine Bar, die hauptsächlich von
den Bewohnern des Hochhauses besucht wurde.
Etwas beklommen trat Eleusius ein. Die grotten-
artig ausgestaltete Bar war leer bis auf einen einzigen Gast, der beim Barkeeper am Tresen saß. Es
war der Dichter vom obersten Stock.

«Ah, da sehen wir uns wieder», rief der Dichter erfreut. «Komm, ich lade dich zu einer kleinen
Stärkung ein!»

«Danke, ich kann sie brauchen», sagte Eleusius.

«Verstehe. Du treibst hier eine Art Akrobatik,
schwebst oder kletterst an den Fassaden empor

und klopfst von außen an Fenster und Balkon-
türen.»

«Gut beobachtet», sagte Eleusius. «Wie lang
hat die Bar offen?»

«Noch eine Viertelstunde, dann ist Schluss.
Der Barkeeper will mit seiner Familie Weihnachten feiern, das kann man ihm schlecht verargen.»

«Und du? Mit wem feierst du?»

«Ich habe niemanden», sagte der Dichter etwas
betrübt.

«Du hast keinen Freund, keine Freundin?
Ähm, entschuldige, dass ich so persönlich frage.
Aber eine nette Frau, denke ich, würde dir gut-
tun.»

«Da hast du verdammt recht. Eine nette Frau
wäre ein tolles Weihnachtsgeschenk! Aber ehrlich, ich weiß nicht, was mit den Frauen heutzu-
tage los ist!»

«Was soll denn mit ihnen los sein?»

«Sie sind alle aus Plastik!»

«Aus Plastik? Wie kommst du denn darauf?»

«Also, meine erste Freundin, die Jackie, war
so etwas wie eine Person ohne Persönlichkeit.
Das heißt, sie hatte selber keine Ahnung, wer sie

eigentlich war. Ständig war sie damit beschäftigt, in Modemagazinen zu blättern, um herauszufinden, wie Frauen sich zu kleiden und zu benehmen hätten. Obwohl sie hübsch aussah, meine Jackie, wollte sie trotzdem den Körper von Jessica Biel, die Lippen von Angelina Jolie, die Lilienmilchhaut von Kate Winslet. Na ja, und dann die zweite ...»

«Was war mit ihr?»

«Die Dorothy? Sie saß ganze Abende lang am Computer, um Hunderte von Informationen über Schönheitsoperationen zu sammeln. Sie sparte für eine neue Nase und für schlankere Oberschenkel. Anstatt mich aufzuheitern, machen mich diese Frauen schwermütig.»

«Und dann? Keine weiteren Versuche mehr?»

«Doch, doch. Meine dritte Freundin hieß Betty. Sie war von Natur aus mit reizenden rundlichen Formen ausgestattet, kannst du dir das vorstellen?»

Das konnte Eleusius sehr wohl. Er nickte ein bisschen wehmütig und dachte einen Moment lang an Rosy.

«Also, Betty quälte sich dauernd mit Diäten.

Es stank in der Wohnung schon am Morgen nach Kohlsuppe, das Mädchen stand ständig auf der Waage, wurde griesgrämig und streitsüchtig. Dann die vierte ... eine schöne Spanierin ... Sie war eine Puppe, ein lächerlicher Klon all dieser Barbies im Rampenlicht, die ich persönlich zur Genüge kenne, weil ich sie oft für die Zeitung interviewen muss ... Die fünfte ...»

«Halt!», rief Eleusius energisch.

«Aha, du hast schon vom Zuhören genug», lächelte der Dichter.

Eleusius schüttelte unwillig den Kopf. «Du Schreibtischmensch! Mir scheint, du ziehst eine merkwürdige Art von Frauen an.»

«Ach, gibt es denn noch andere? Kennst du vielleicht welche?»

«Zugegeben, meine Erfahrung ist nicht besonders groß», meinte Eleusius bescheiden. «Aber es gibt sie noch. Heute habe ich im Fahrstuhl eine wundervolle Frau kennengelernt. Ganz natürlich ist sie und sehr hübsch, mit fast rotem Haar. Lebhaft, mit Sinn für Humor und einem Herz für andere ...»

«Weshalb erzählst du mir das alles? Du willst

mir doch nicht vorschlagen, dass ich dir deine Freundin ausspanne?»

«Ach, weißt du, ich muss gestehen, ich kann nicht viel für sie tun. Ich muss in allernächster Zeit, tatsächlich noch heute Abend, weit weg von hier.»

«So, musst du. Nun, es gibt ja Flugzeuge oder Eisenbahnen, auch der Greyhound-Bus fährt weit herum übers Land ...»

«Dort, wohin ich zurückgehe, fährt nichts von alledem ...»

Der Schriftsteller blickte den seltsamen jungen Mann lange an, seine berufliche Neugier für das Außergewöhnliche dieses seltsamen Menschen wuchs.

«Hm», machte der Dichter schließlich, «ich habe mir ja von Anfang an gedacht, dass du so etwas wie ein Ausserirdischer bist, ein Alien! Ein Wesen von einem anderen Stern ...»

Eleusius sagte nichts und lächelte verhalten. Nach einer Pause fragte er den Dichter: «Und du? Ich weiß nicht einmal deinen Namen.»

«Paul Arthur Gordon.»

«Na denn, Paul. Bist du berühmt?»

«Keine Ahnung, davon verstehe ich nichts. Ich

schreibe einfach. Zum Beispiel Kolumnen. Würdest du mir erlauben, über deinen Besuch bei mir zu schreiben? Für den *New Yorker*? Diese Art Erlebnis interessiert die Leser. Wenn du willst, teile ich das Honorar mit dir.»

«Der Drink hier genügt», lachte Eleusius. «Aber hast du mir nicht erzählt, du solltest an deinem Hauptwerk arbeiten?»

«Ja, schon.» Der Dichter blickte trübselig in sein Glas. «Ich leide an einer Schreibblockade …»

Eleusius neigte sich vor. «Darf ich raten? Du bist geistig verstopft. Verlass deinen Schreibtisch und geh unter die Leute. Tu etwas für andere. Mach ihnen eine Freude.»

«Kannst du vielleicht ein bisschen konkreter werden?», fragte Paul Arthur.

«Gern. Ich schlage vor, dass du heute Abend bei einer Weihnachtsfeier eine Geschichte vorliest, ohne Honorar allerdings. Eine sonst langweilige Feier für alte Menschen in einem Kirchgemeindesaal wird es ungewöhnlich bereichern.»

«Warum nicht», meinte Paul Arthur.

«Eine gewisse rothaarige junge Frau spielt dort Klavier …»

«Deine Fahrstuhlbekanntschaft?», fragte der Schriftsteller schnell.

«Genau so ist es.»

«Und du würdest sie mir unter Umständen überlassen?»

«Überlassen? Entschuldige, aber das ist zu komisch!», rief Eleusius.

«Was soll das heißen?» Der Dichter blickte etwas konsterniert.

«Das soll heißen, dass Rosy eine Frau ist, die genau weiß, was sie will. Sie entscheidet selbst, wen sie mag und wen nicht. Doch ich könnte mir vorstellen, dass du ihr gefällst. Du bist ehrlich, phantasievoll, in gewissem Sinn auch ein Idealist. Du siehst interessant aus ...»

«Trotz meiner weißen Haare?»

«Sie wird deine neugierigen grünen Augen mögen und dabei vergessen, deine weißen Haare zu zählen. Der Kirchgemeindesaal heißt übrigens Little Hope, aber wo er genau liegt ... ich kenn nicht mal den Namen der Straße.»

«Das ist kein Problem. Den finde ich schon heraus – schließlich leben wir im Zeitalter des Internets», sagte der Schriftsteller.

6 Rosy fährt
mit Littlebread Auto

Rosy, immer noch geschockt von Eleusis un-
gewöhnlichem Abgang vom Geländer der Aussichtsterrasse, stand inmitten von anderen vor
dem Rainbow-Restaurant und wartete auf den
Lift.

Mit ihr, zappelig vor Ungeduld, wartete Tom.
«Der Lift ist garantiert wieder gekapert worden»,
schimpfte er, «aber diesmal wohl nicht von
Eleusi!»

Da drängte sich durch die Ansammlung von
Wartenden der Hilfsprediger der Gemeinde, Reverend Littlebread.

«Sie sind ja auch hier, Rosy! Wir müssen uns
beeilen, der Saal muss für die Feier noch deko-
riert werden. Sie sagten doch, Sie wollten das
machen?»

«Klar. Und das schaffen wir auch.» Um ihn zu
beruhigen, versuchte Rosy ein Lächeln. Es fiel ihr

schwer, denn Littlebread mit seinen aufdring-
lichen Bekehrungsversuchen war ihr höchst un-
sympathisch. «Dann schlage ich vor, dass wir alle
zusammen in meinem Auto fahren, es ist unweit
von hier in einer Tiefgarage. Ich setze euch ab.
Die Busse sind zu dieser Zeit überlastet.»

Rosy zögerte kurz, sah aber ein, dass er recht
hatte.

Im Auto fing Littlebread sofort an, nach Rosys
Bekanntem zu fragen. «Dieser langhaarige Le-
bensmüde, der an Ihrem Tisch saß … er hat den
Sturz vom Geländer wohl nicht überlebt. Seit
wann kennen Sie ihn, Rosy?»

«Ich habe ihn im Lift kennengelernt, nicht
wahr, Tom?», antwortete Rosy.

«Zufallsbekanntschaften, Rosy. Sehr gefährlich.» Littlebread stoppte an einer Kreuzung.
«Halten Sie sich an solide Menschen, wie ich einer
bin, Rosy», sagte er eindringlich. «Schon seit
einer Weile habe ich es auf dem Herzen: Ich
möchte Sie heiraten. Sie wissen doch, meine Ehefrau ist, Gott wird sie strafen, vor zwei Jahren mit
einem üblen Kerl davongelaufen.»

Die Ampel zeigte Grün, Littlebread fuhr los und hielt in einer Nebenstraße an. «Wir bleiben hier stehen, weil ich eine Antwort will, Rosy. Ich wiederhole: Ich halte hiermit um Ihre Hand an.»

«He, ich möchte nach Hause!», rief Tom vom Rücksitz aus.

«Nehmen Sie sofort die Hand von meinem Knie!», rief Rosy ungehalten.

«Ich warte», insistierte Littlebread stur.

«Nein!», rief Rosy.

«Ja! Bitte sagen Sie ja!», rief Littlebread.

Rosy stieß die Hand des Hilfspredigers weg und öffnete die Wagentür.

«Komm, Tom, da drüben ist die Busstation. Warten können Sie allein, Reverend Littlebread!»

Eleusius hatte in den Wohnungen, die er besucht und in die er hineingeschaut hatte, einen tiefen Einblick bekommen in menschliche Sorgen und Leiden, nun drängte es ihn, ein bisschen von dem Erdenstaub abzuschütteln. Der Gedanke an sein nächstes Reiseziel heiterte ihn auf, vor seinem inneren Auge sah er Bergspitzen, Skilifte, glitzernde, schneebedeckte Hänge. Wieder zitterten seine Flügel unter dem Cape vor Vorfreude.

Doch seit dem gemeinsamen Drink im Rainbow-Restaurant war ihm klargeworden, dass geteilte Freude doppelte Freude bedeutet. Und diese Verdopplung wollte er sich nicht entgehen lassen.

Die Vorstellung, Rosy könnte ihn vor ihrer Abendveranstaltung bei seinem Ausflug begleiten, stimmte ihn fröhlich. Tom hatte ihm Straße und Hausnummer genannt, wo er mit seiner Mutter auf derselben Etage wie Rosy wohnte. «Komm doch mal vorbei, Eleusi», hatte der Kleine gesagt. «Wir könnten doch zusammen Lift fahren!»

Nach längerer Suche, die in irdischer Zeitmessung wenige Augenblicke dauerte, fand Eleusius den Wohnblock an der 14. Straße. Die Gegend hatte wohl vor vielen Jahren bessere Zeiten gekannt, das sah man an den reichverzierten Fresken der ehemals vornehmen roten Backsteinhäuser. Nun sahen sie schäbig aus mit ihren schwarz gewordenen Vogelnestbalkonen und den hässlichen eisernen Feuertreppen.

Im zweiten Stock läutete er an Rosys Wohnungstür.

Rosy war erst seit einer halben Stunde zu Hause, sie hatte ein Bad genommen und das neue blaue Kleid angezogen, das sie zur Feier tragen wollte. Als sie die Tür öffnete, traute sie ihren Augen kaum. Da stand fröhlich und ohne Anzeichen irgendeiner Verletzung der große Springkünstler Eleusi!

«Wunderbar, Sie leben noch!», rief sie erfreut.

«Ja, und jetzt, wo ich Sie sehe, geht es mir sogar richtig gut!», lachte Eleusius.

«Kommen Sie, ich mache uns eine gute Tasse Tee.»

«Oh, das ist eine schöne Idee, sehr gerne.» Er trat ein und steuerte im Wohnzimmer auf den apfelgrünen Diwan zu.

«Wie haben Sie mich überhaupt gefunden?», fragte sie von der Küche aus.

«Tom hat mir seine Adresse verraten. Und auch, dass Sie auf derselben Etage wohnen.»

Sie brachte den Tee und stellte ihn auf das kleine Tischchen.

Als sie einander gegenübersaßen, platzte Eleusius mit seinem Plan heraus. «Rosy, ich möchte Sie einladen, mit mir in die Berge zu kommen! Wir fahren Skilift miteinander. Stellen Sie sich die verschneiten Berge vor, wie sie im Abendglanz leuchten …»

«Das ist ein verführerischer Vorschlag. An wann haben Sie denn gedacht?»

«An jetzt gleich! Zu der Abendveranstaltung sind Sie natürlich wieder da», sagte er eifrig.

«Also das … klingt ein bisschen verrückt!»

«Weshalb?»

«Nun, ich bin verantwortlich für die Feier heute. Die alten Leute freuen sich schon seit Wochen darauf. Der Saal muss so schön geschmückt sein wie in den vergangenen Jahren, alles andere wäre eine große Enttäuschung.»

«Dann muss ich also allein in die Berge?», fragte er ein bisschen niedergeschlagen.

«Ich habe eine Idee. Wollen Sie nicht Tom mitnehmen, Eleusi? Das Kind kommt kaum je an die frische Luft. Sie müssten aber hinübergehen und seine Mutter fragen.»

Er schaute sie an, wie sie in dem blauen Kleid vor ihm stand. Sie war nicht ganz schlank, aber wohlgewachsen, und in ihrem Gesicht lag ein kluger Ernst, die wachen Augen strahlten. Er konnte nicht anders, als aufzustehen und sie zu umarmen.

«Rosy, du bist wunderbar. Es schmerzt mich sehr, dass ich nichts für dich tun kann. Ich muss sehr bald, noch heute Abend, sehr weit weg von dir. Du siehst, auch ich habe gewisse Verpflichtungen.»

«Oh, wie schade. Ausgerechnet jetzt, wo mir endlich mal ein Mann gefällt?»

«Du wirst bald andere Männer kennenlernen, die du mögen wirst. Schade für mich, natürlich.»

Eleusius war sich bewusst, dass Eifersucht eine Regung war, die zu seiner alten Welt gehörte. Aber da er noch nicht ganz geläutert war, spürte er einen Stich im Herzen, als er an Paul Arthur dachte. Aus diesem Gefühl heraus umarmte er sie noch einmal, aber er tat es sachte, im Wissen darum, dass seine Berührung eine magische Wirkung hatte.

Trotzdem schmolz unter seiner Hand der eine Träger des Kleides auf ihrer Schulter.

Sie schaute erstaunt auf die Stelle, wo der Stoff verschwunden war.

«Ach, Rosy, das tut mir leid!», sagte er bestürzt.

Aber sie lachte nur fröhlich. «Lass gut sein. Jetzt ist mein Kleid noch eleganter geworden – Michelle Obama hat so ein Modell auf dem Präsidentenball getragen. Ein-Träger-Kleider sind absolut angesagt, behaupten zumindest die Modemagazine.»

«Du liest so was, ich meine, Modemagazine?»

«Genau fünfmal im Jahr, wenn ich beim Friseur bin, das reicht dann auch.»

Schön. Das wird Paul Arthur beruhigen, dachte Eleusi. Er bemühte sich jetzt, mit Wohlwollen an den Schriftsteller zu denken, und sagte: «Übrigens, Rosy, heute Abend wird die Feier gewiss noch interessanter als sonst. Ein Dichter wird eine Geschichte lesen.»

«Oh, das freut mich! Wie heißt er denn?»

«Paul Arthur Gordon.»

«Du machst Witze! Doch nicht der von den Kolumnen im *New Yorker*?»

«Genau der.»

«Den können wir doch gar nicht bezahlen.»

«Er liest kostenlos.»

«Du nimmst mich auf den Arm!»

«Das würde ich gern, aber es stimmt wirklich.»

«Wie hast du denn das fertiggebracht?»

«Na ja, ich habe ihm gesagt, es werde ihm selbst helfen, einmal etwas für die Leute zu tun. Außerdem habe ich ihm von dir erzählt. Er möchte dich sehen und spielen hören. Brahms, nicht wahr?»

«Ach, Eleusi, das klingt ja alles himmlisch!»

Eleusi strahlte. «Das muss es auch. Friede auf Erden! Aber nun will ich schleunigst in die Berge.»

«Bist du denn zu meiner Feier auch wirklich zurück?»

«Darauf kannst du dich verlassen.»

7 Eleusis Ausflug in die Berge

Tom spielte nach seiner Rückkehr allein in seinem Zimmer. Seine Mutter war noch rasch über die Straße zum Hort gegangen, um das Schwesterchen abzuholen. Seit das Gitterbett der kleinen Jane in Toms Zimmer stand, musste Tom, um Indianer zu spielen, auf seinen roten Kleiderschrank klettern.

«He, ihr schuftigen Trapper!», rief er von der luftigen Höhe hinunter und schwang sein Spielzeuggewehr.

In diesem Moment klingelte es.

Wird wohl die Mutter sein. Warum sie wohl läutet?, dachte Tom. Er kletterte von seinem roten Felsen und ging mit dem Gewehr in der Hand zur Tür.

«Gemeine Trapper!», rief er und richtete das Gewehr auf den Eingang.

Im Türspalt stand blass und verdattert der Hilfsprediger Littlebread. Tom mochte den spitznasigen Prediger nicht, der nicht nur Rosy bedrängte, sondern auch seine eigene Mutter immer zu den unpassendsten Gelegenheiten mit frommen Sprüchen aufhielt. Zum Glück wollte Rosy ihn nicht heiraten, das hätte noch gefehlt. «Entschuldigen Sie, die Kleine braucht dringend ihre Flasche», pflegte die Mutter immer zu sagen, sobald sie den Reverend an der Tür sah. Darauf entgegnete er mit gestelzten Bemerkungen: «Aber Ihre Seele, Frau Viola, lechzt nach dem Wort Gottes!» Erst wenn das Baby die Seele überstimmte und lauthals zu krähen begann, kapitulierte Littlebread. Meistens ging er dann über den Flur und läutete bei Rosy.

Jetzt schaute der Prediger entgeistert auf Toms Spielgewehr. «Du frecher kleiner Kerl, heute ist doch Weihnachten, das Fest des Friedens!»

Da kam auch schon die Mutter die Treppe herauf, mit der kleinen Schwester im Arm.

«Entschuldigen Sie, die Kleine braucht dringend ihre Flasche!», rief sie, als sie den Prediger sah.

Littlebread ließ sich nicht abweisen und zeigte entrüstet auf Tom. «Dieser Frechdachs muss in die Kur genommen werden!»

«Tom ist ein friedliches Kind, eher noch zu still», gab die Mutter zurück. «Schauen Sie, wie blass er ist, er sollte mehr an die frische Luft. Aber woher die Zeit nehmen für Spaziergänge? Auch Sie sehen blass aus, Reverend. Möchten Sie eine Tasse Tee?»

Kaum saß Littlebread in der Küche, läutete es abermals. Es war Eleusius.

Er wolle nicht stören, sagte der junge Mann schüchtern im Flur. Wenn die Mutter es erlaube, wolle er Tom mitnehmen. «So ein bisschen frische Luft, wissen Sie, wird dem Jungen guttun ...»

«Um Himmels willen!», rief Littlebread und drängte in die Küchentür. «Überlassen Sie Ihren Sohn nicht diesem Individuum!»

«Warum? Was ist denn mit ihm?», fragte Frau Viola. Es war sonst bestimmt nicht ihre Art, ihre Kinder wildfremden Männern anzuvertrauen, aber Tom hatte begeistert von Eleusius erzählt.

«Im Rainbow-Restaurant habe ich ihn auf der Rampe der Terrasse gesehen», berichtete jetzt der Reverend eifrig, «von dort aus ist er einfach verschwunden. Einfach weg, mit einem Kopfsprung! Man musste glauben, er lebe nicht mehr, und nun steht er unverletzt da! Das ist Blendwerk, Teufelszeug!»

«Pah, er ist eben ein Engel», sagte Tom trocken.

Die Mutter lachte. «Teufel, Engel! Wohl zwei Ansichten derselben Medaille?»

«Nein, Frau Viola», widersprach Littlebread heftig. «Es gibt ein Oben und ein Unten, ein Hell und ein Dunkel, ein Falsch und ein Richtig, ein Reich des Bösen …»

«Das Sie wohl genau kennen, Reverend?» Die Mutter reichte dem Baby lächelnd die Flasche.

Tom meldete sich erneut zu Wort. «Eleusi ist ein Freund von Rosy, der ist mega in Ordnung.»

«Well, das überzeugt mich», sagte Toms Mutter. «Aber bitte, Eleusi, bringen Sie Tom rechtzeitig zurück für Rosys Weihnachtsfeier.»

«Selbstverständlich. Das ist mir selbst auch ein Anliegen», versicherte Eleusi und lächelte.

Der Bauer Poltenhofer versah in dem kleinen Bergdorf im Winter den Dienst am Skilift. Es waren keine Skiläufer mehr unterwegs, und eben wollte er den Sessellift abstellen, da sah er eine leuchtende Gestalt in einem der hintersten Sessel nach oben schweben. «Es ist garantiert ein Engel gewesen», wird er später zu Protokoll geben, «bei meiner Seel, das war kein Mensch, ich habe ihn gar nicht einsteigen gesehen, er muss hineingeflogen sein!»

«Der Poltenhofer ist nicht mehr ganz hundert», wird daraufhin der Dorfrat befinden.

Der Engel war zusammen mit Tom mit der Geschwindigkeit eines Gedankens angereist.

Ein sekundenkurzer Kindertraum nur, in dem Eleusi durch das enge Koordinatensystem von Ort und Zeit schlüpfte, das die Irdischen für die einzige Wirklichkeit halten, obwohl ihre begabtesten Physiker doch selbst behaupten, es sei alles eine Illusion.

Auf den Bergspitzen lag der Widerschein der Abendsonne. Die Hänge waren in bläuliche Schatten getaucht. Tom schwebte mit angehaltenem Atem im Sessel des Lifts hinauf, noch nie hatte er etwas so Schönes erlebt, ein traumhaftes Gleiten hoch über weißen Hängen, schaukelnd unter einem vor Frost grünlich glitzernden Abendhimmel. Auf der Bergstation warteten sie eine Weile und sahen auf die weiße Piste hinab.

«In unseren Schuhen ist die Abfahrt nicht ohne Tücken», sagte Eleusi zu Tom, «aber zum Glück sind die Hänge leer! Hier», er riss einen Haselstecken aus einer Schneewehe, «den Stecken hier nimmst du zwischen die Beine, damit kannst du steuern!»

Tom hatte sofort begriffen, wie es ging. Die Rutschpartie auf der schon leicht vereisten Piste machte ihm Spaß, bald hatte er Eleusi überholt.

Dieser tat sich eher schwer. Es sah komisch aus, wie er über Schwellen und Dellen hüpfte, eisige Passagen nahm, indem er mit dem linken Flügel etwas bremste. Bei der Mittelstation wartete Tom auf ihn, zusammen glitten sie an eingeschneiten Bauernhöfen vorüber, aus dem Kamin des untersten drang Rauch, und der kräftige Sennenhund Pluto saß gelangweilt vor seiner Hütte. Im Sommer band ihn der Bauer an, denn Pluto hasste die Hühner. Wenn sie vor dem Miststock scharrten und nach Würmern pickten, reizten sie ihn zur Weißglut, er scheuchte sie, bis sie gackernd aufflogen, und zum Ärger der Bauern konnte es vorkommen, dass er eins von ihnen erwischte und zerbiss.

Jetzt starrte Pluto mit glasigem Blick verschlafen auf die Hänge. Da entdeckte er ein gigantisches Federvieh, das nach Hühnerart die Piste hinunterflatterte. Der Hund war plötzlich hellwach, und so schnell der Schnee es zuließ, setzte er dem verhassten Vogel nach.

Eleusius bemerkte seinen Verfolger erst, als er hinter sich ein heftiges Schnaufen hörte. Vorsichtig drehte er sich um. Da sah er das triefende Maul, die hechelnde Zunge. Vor Schreck machte er einen unfreiwilligen Purzelbaum, ein paar Federn und Schneestaub hingen in der Luft. Schnell hatte er sich wieder aufgerappelt und sauste den Steilhang hinab auf ein kleines Waldstück zu. Da stand eine junge Tanne, Eleusius bremste abrupt vor dem Hindernis und umarmte es unfreiwillig. Unterdessen war der Hund nahe herangekommen und fletschte die Zähne.

Du lieber Himmel, dass mir das passieren muss!, durchfuhr es Eleusius. Engel auf Erdenausflug von Bauernhund gerissen! Ums Leben bringen konnte man einen Engel zwar nicht, er lebte ja gewissermaßen schon im Totenreich – oder im Reich des ewigen Lebens, je nachdem, aus welcher Ecke man es betrachtete. Doch auf den Wolken der Lernengel wollte er nicht für Spott sorgen müssen! Er hörte schon das dröhnende Gelächter und Petrus verärgert und kopfschüttelnd sagen: «Du heilige Einfalt! Eleusi, du himmlisches Suppenhuhn!»

Der frische Tannengeruch stärkte Eleusis Lebensgeister. Plötzlich erinnerte er sich an seinen Fledermaustrick, mit dem er die Lehrlinge aus dem ersten Lehrjahr zu erschrecken pflegte. Er richtete sich hoch auf und schlug klatschend die Flügel zusammen. Der Hund hielt inne und starrte verblüfft auf das Federvieh. Das waren keine Hühnerflügel. Außerdem roch es gar nicht nach Hühnerstall, eher nach Seife und Räucherstäbchen, puh. Angewidert zog Pluto den Schwanz ein und knurrte. Dann machte er kehrt und stapfte durch den Tiefschnee davon.

Von der untersten Hecke aus, am Ende der Piste, hatte Tom das Schauspiel verfolgt. Er schüttelte sich vor Lachen.

«Zum Glück hat mich das Biest nicht erwischt!», rief Eleusi ihm zu. Wie ein Schneehase hoppelte er über eine Reihe von Bodenwellen, bis er schließlich vor Tom stand.

Als sie endlich im Dorf ankamen, war es schneidend kalt. In der Dorfgasse traten sie in den einzigen Gasthof, der «Gasthof zum Engel» hieß. Was passiert, wenn ein Engel einen Gasthof zum Engel betritt?, fragte sich der Engel.

Schon als sie in der Tür standen, verstummten an den Tischen die Gespräche. Touristen und Stammgäste starrten auf den seltsamen Mann und den Jungen, fast ein wenig feindselig. Eleusi grüßte, und während er sich nach einem freien Platz umsah, lächelte er hold nach Engelart. Aber nur die Frau hinter der Theke nahm seinen Blick auf, eine kleine Leuchtspur blieb in ihren Pupillen zurück. Sie war eine Nichte der Wirtin, eigens als Aushilfe für die Festtage aus der Stadt angereist, denn im kleinen Engelsaal wurden an diesen Tagen Rollschinken und Brathähnchen im Korb serviert.

«Das ist kein Hiesiger», flüsterte einer der Männer am runden Tisch.

«Das sehen wir selber. Kannst im Übrigen ruhig lauter reden, der kommt aus dem Asylantenheim und versteht uns nicht», belehrte ihn ein anderer.

«Die Neuen dort sind keine Farbigen mehr», sagte der Erste, «die sehen aus wie unsereiner, das ist noch unheimlicher als früher.»

«Der könnte, der weißen Haut nach, aus Weißrussland stammen», sagte ein anderer und grinste.

Sie beobachteten Eleusius, wie er trank, das seltsame Leuchten auf seiner Stirn machte sie misstrauisch.

«Der wirkt so entrückt, wahrscheinlich ist er auf Drogen», flüsterte jetzt der Erste wieder.

In diesem Moment kam tatsächlich eine Asylantin herein mit ihrem Kind, sie wollte sich bei einer Tasse Tee aufwärmen. Das Kind mit seinem dunklen Lockenschopf schaute zu Tom herüber und lachte. Sein Spielzeug fiel zu Boden, und Eleusius bückte sich, um es aufzuheben. Dabei verrutschte sein Umhang etwas, ein paar Federn schimmerten golden. Die Wirtin war gerade mit einem Tablett voller Gläser für den Stammtisch hereingekommen, sie sah den Glanz und stolperte, drei Gläser rutschten vom Tablett, und Eleusius fing sie ganz selbstverständlich auf.

«Danke, Sie sind ein Engel!», rief sie, was für

die Wirtin vom *Engel* nur so eine Redewendung war.

Sie staunte, als sie bemerkte, dass die Gläser plötzlich Goldränder zu haben schienen, aber heute Morgen hatte sie mit einer Spraydose Tannenäste vergoldet, da hatten die Gläser wohl etwas abbekommen.

Auf der Uhr der Wirtschaftsstube gingen die Zeiger auf halb sechs, und Eleusius wurde unruhig. Der Gedanke an Rosy und ihre Abendfeier trieb ihm wie vorhin im Fahrstuhl Röte in die Wangen. Zum Glück würde auch die Rückreise nur wenige Menschensekunden in Anspruch nehmen, er brauchte sich keine Sorgen zu machen. Wieder suchte er in seinen Taschen vergeblich nach Geld.

«Ach, lassen Sie doch», rief die Wirtin. «Sie haben ja meine Gläser gerettet.»

«Danke sehr. Und Friede auf Erden!», rief Eleusius.

8 Little Hope und der Schriftsteller

Schon drängten sich die Teilnehmer der Weihnachtsfeier vor dem Saal mit der Aufschrift Little Hope. Gerade noch rechtzeitig konnte Eleusius den kleinen Tom auf dem Vorplatz seiner Mutter übergeben.

Erfreut rief sie aus: «Er hat ja ganz rote Backen! Und sieht gesund aus wie ein Weihnachtsapfel!»

«Eleusi und ich waren auf dem Skilift und auf der Piste!», rief Tom stolz.

Der Prediger Littlebread, der in der Nähe stand, hatte mitgehört. Er trat heran und bemerkte höhnisch: «Auf einem Skilift? Wohl weit entfernt von hier, in den Bergen? Und die Reise hin und zurück habt ihr in anderthalb Stunden bewältigt?»

«Genau so ist es», bestätigte Tom.

Während ihn seine Mutter in den Saal zog – Rosy hatte schließlich in der vordersten Reihe

Plätze reserviert –, verwehrte Littlebread Eleusius den Zutritt.

«Das ist ein teuflischer Bluff! Ein fauler Zauber! In meiner Eigenschaft als Hilfsprediger muss ich Ihnen den Zugang zu diesem ehrwürdigen Versammlungsraum unserer Gemeinde verbieten. Mit Weihnachtskerzen und Engelsmusik haben Sie nichts zu tun!» Als Eleusius sich nicht rührte, wurde er noch energischer: «Verschwinden Sie sofort, sage ich! Das ist doch, glaube ich, Ihre Spezialität!»

Eleusius lachte. Und verschwand.

Alle Plätze im Saal waren nun besetzt, die Lichter des Weihnachtsbaums wurden angezündet. In den Gesichtern der alten Menschen spiegelten sich die Erinnerungen im Kerzenglanz. In der ersten Reihe saß ein großgewachsener Mann mit weißmelierten Haaren. Rosy, die neben ihm saß, blickte ihn schüchtern an und fragte flüsternd: «Sind Sie der Schriftsteller? Paul Arthur Gordon?»

Er nickte. «Sind Sie etwa die Dame namens Rosy?»

Sie errötete ein bisschen. «Bitte beginnen Sie mit Ihrer Geschichte direkt nach meinem ersten Klavierstück, Ihr Pult steht neben dem Christbaum dort. Ich werde Sie den Leuten kurz vorstellen.»

Der Schriftsteller las eine Erzählung, die schlecht zu Weihnachten passte. Sie handelte von einer Meerjungfrau, die sich in einen Irdischen verliebte. Es endete schlecht für die beiden Liebenden aus so unterschiedlichen Welten. Die Leute fanden aber hinterher, die Geschichte sei hinreißend erzählt gewesen, auch sei die Diktion des Dichters einfach großartig.

Im Anschluss an die Lesung ging Rosy in ihrem blauen Kleid mit dem einen Träger noch einmal hinüber zum Klavier. Ihre Haare glänzten rotgolden im Kerzenlicht. Sie spielte ihren Brahms auswendig, beim Vortrag schaute sie hinüber zum Lichterbaum. Da bemerkte sie, wie sich der goldene Engel oben auf der Spitze des Christbaums bewegte. Eine Sinnestäuschung? Nein, sie sah es deutlich: Es waren Eleusis Locken, sein wallendes Cape, und nun machte er auf der Spitze einen Handstand und zwinkerte ihr zu. Aus einer Ta-

sche seines Hemdes fielen fünf goldene Scho-
koladetaler, deutlich vernahm man während des
drittletzten Takts ihren klingenden Aufprall am
Boden.

Einer der Taler rollte ihr direkt vor die Füße.
Auf dem goldenen Staniolpapier war ein Dollar-
zeichen eingestanzt.

Als sie wieder an ihren Platz zurückgekehrt
war, wickelte sie den Taler aus und steckte ihn
in den Mund. Die Schokolade schmeckte bittersüß.

Der Dichter hatte es bemerkt und lächelte. «Sie
haben beeindruckend gespielt», sagte er.

«Das ist sehr freundlich, danke.»

«Es ist wohl gegen die Planung», sagte er, «aber
ich möchte gern nochmals nach vorne ans Pult.
Es dauert nicht lang.»

Als er vorne stand, sagte der Schriftsteller:
«Es folgt nun noch ein Gedicht. Es stammt von
Johann Gottfried Herder, der, wie ich vorhin erst
erfahren habe, von 1744 bis 1803 gelebt hat. Ich
lese es vor als Gruß an einen Freund, der sich
heute von uns verabschieden musste:

Ein Traum, ein Traum ist unser Leben
auf Erden hier.
Wie Schatten auf den Wogen schweben
und schwinden wir.
Und messen unsere trägen Tritte
nach Raum und Zeit;
und sind (und wissen's nicht) in Mitte
der Ewigkeit.»

Als Paul Arthur sich wieder an den Platz gesetzt hatte, neigte er sich zu seiner Nachbarin und sagte: «Wollen wir nicht zusammen zu Abend essen? Ich kenne in der Nähe ein kleines italienisches Restaurant. Dort können wir auch an unseren gemeinsamen Freund Eleusius denken, der sich, was wir sicher beide bedauern, zurück in seine Welt begeben wird. Hätten Sie wohl Zeit, Rosy?»

«In Mitte der Ewigkeit ist bestimmt genügend Zeit», sagte sie. Sie schaute ihn an, aus seinen grünen Augen sprach eine stille Aufmerksamkeit, die ihr gefiel.

Eleusius sah von seiner hohen Warte aus, dass hier, ganz nach seiner Regie, eine Geschichte begann. Wieder versetzte es seinem Herzen, das noch nicht ganz geläutert war, einen kleinen Stich. Wie gern wäre er hinuntergestiegen und hätte Rosys Haar gestreichelt und seine Hand überallhin auf ihr Kleid gelegt, doch in diesem Moment zwickte es ihn plötzlich fürchterlich.

Eine grollende Stimme, in ihrer Frequenz für irdische Ohren nicht vernehmbar, ließ ihn erzittern. «Eleusi, denk an deine Mission! Geh sofort zum Bahnhof!»

9 Eleusi unterwegs in Sachen Liebe

Kurze Zeit darauf befand Eleusius sich weit weg von Manhattan in einer Bahnhofshalle im Herzen Europas. Neben ihm, im Durchzug der Eingangs-türen, stand einer dieser jungen Kerle, die überall in Bahnhofshallen herumlungern. Was tut er hier, und wovon lebt er?, fragte sich Eleusius. Wahr-scheinlich vom Betteln, hin und wieder von klei-nen Gefälligkeiten, zwischendrin entwendet er auch mal eine Handtasche oder einen Geldbeutel.

Der Junge war kleingewachsen und mager, er zog die Schultern hoch und vertrat sich frierend die Beine, denn es war gegen Abend eiskalt ge-worden.

«Ein Schönling», murmelte der Junge nach einem kurzen Seitenblick auf Eleusis gutgeschnit-tenes Gesicht mit den langen blonden Locken und sagte dann etwas lauter: «Na, du, bist du in Sachen Liebe unterwegs?»

Der Engel nickte.

«Soll das jetzt dein Standplatz werden?»

«Nein, mein Standplatz ist ... ich arbeite eher global», sagte der Engel.

«Globalisierung also auch schon in diesem Gewerbe», meinte der Junge. «Wartest du auf Männer oder auf Frauen?»

«Ich liebe alle.»

Der Junge schwieg ziemlich beeindruckt. Er begann zu husten und band seinen Schal enger um den Hals.

«Elender Durchzug! Verdammt schlechter Tag für unsereiner. Heute Abend spielen alle heilige Familie.»

«Ja. Friede auf Erden», sagte Eleusius. Er betrachtete die schmale Hand, die den Schal umfasst hielt, und sagte: «Du bist noch sehr jung. Wohl keine achtzehn, oder?»

«Sechzehn», sagte der Junge.

«Und wie heißt du?»

«Teddy.»

Ein kalter Windstoß fuhr von der Straße herein, der Junge wurde erneut von einem Hustenanfall geschüttelt.

«Du hast doch Fieber und solltest nach Hause», sagte Eleusius.

«Hm, vielleicht, aber da habe ich ein Problem», gestand der Junge. «Meine Mutter hat mich aus der Wohnung geworfen. Sie ist sauer, weil ich die Lehre als Plattenleger abgebrochen habe.»

«Heute, an Weihnachten …?»

«Weihnachten hin oder her, sie will mich nicht mehr sehen», murmelte Teddy.

«Bist du dir da so sicher? Ich bin überzeugt, dass sie gerade jetzt an dich denkt, ihre Strenge tut ihr leid.»

«Aha», spottete der Junge. «Und du bist so eine Art Hellseher?»

«Genau. Sie ist dort vorn an der Bahnhofstraße in einem Warenhaus. Lass uns hingehen.»

Eleusius zog den erstaunten Teddy sanft am Arm. Er folgte dem Engel ohne Widerstand. In dem großen Kaufhaus tauchten sie ein in die trockene Wärme und das künstliche Kerzenlicht, ein paar letzte Käufer durchstreiften die Spielwarenabteilung. Die Puppen auf den Regalen zeigten weit aufgerissene Augen, die geschürzten Kussmündchen waren ohne Lächeln.

«Sie sind traurig», meinte Eleusius. «Bald ist Ladenschluss, und niemand wird sie am Weihnachtsabend auspacken und an sich drücken!»

Auch die Plüschtiere schielten nach den letzten Käufern, aber sie setzten gelangweilte Mienen auf, als wäre es ihnen egal, als Ladenhüter sitzen zu bleiben.

«Schau dort, der Tiger!», rief Teddy. Er zeigte auf ein besonders edles und prächtiges Exemplar.

«Sieht toll aus», stimmte Eleusius zu.

Teddy seufzte. «Du glaubst nicht, wie lange ich mir diesen Tiger gewünscht habe! Ein fast lebensgroßes Tier! Funkelaugen, die wie im Urwald leuchten. Krallen aus schwarzem Kunststoff. Nie hat meine Mutter mir meinen Kinderwunsch erfüllt. Sie hat mich wahrscheinlich nie geliebt.»

Mit der Rolltreppe fuhren sie hinauf zur Imbissecke.

Nur wenige Tische waren besetzt, Teddys Mutter saß im schummrigen Licht vor einer Tasse Kaffee. Es war eine unförmige, in einen schlabberigen, dunklen Mantel gekleidete Frau, das Gesicht verhärmt, sorgenvoll. Den ganzen Tag über hatte sie an ihren Sohn denken müssen und es bereut, dass sie ihn aus dem Haus gewiesen hatte. War sie nicht mitschuldig daran, dass er es nicht schaffte, eine Ausbildung abzuschließen? Seit sein Vater vor zwei Jahren das Weite gesucht hatte, musste sie als Alleinerziehende wohl versagt haben. Im einen Fall zu nachgiebig, dann wieder zu hart. Ein Wechselbad. Das bekommt den Kindern schlecht.

Vorhin, als sie allein durch die Spielwarenabteilung gegangen war, blieb ihr Blick an dem großen Tiger hängen. Drei Jahre lang war dieser Tiger jede Weihnachten Teddys Herzenswunsch gewesen. Ein Heidengeld für ein Plüschtier – was für eine Verrücktheit! Und nun – was für eine Verrücktheit! – hatte sie Reue verspürt und dieses alberne Ding gekauft. Für ihren Teddy, der am Weihnachtsabend, ihretwegen, nicht nach Hause kam. Um ihre Fehler zu büßen, musste sie wohl den Heiligen Abend mit Teddys Tiger allein verbringen.

Unterdessen standen Eleusius und der Junge im vierten Stock vor dem Eingang des Cafés. Hinter roten Bändern, an denen auf Pappe gemalte Weihnachtskugeln und Kerzen baumelten, rührte die alte Frau mit verlorenem Blick in ihrer Kaffeetasse. Doch plötzlich, als habe jemand sie leise gerufen, hob sie erstaunt den Kopf.

Ungläubig starrte sie auf ihren Sohn. «Teddy», murmelte sie.

Eleusius legte seine Hand auf Teddys Schultern und schob ihn sanft in Richtung Kaffeetisch, aus der abgeschabten Plastiktasche neben den Beinen der Frau ragten Plüschohren, und es leuchteten zwei urwaldgrüne Tigeraugen.

Eleusius lächelte, dann entfernte er sich rasch.

10 Eleusis Bahnhofsmission

Als Eleusius ~~erneut~~ die große Bahnhofshalle betrat, ging es ~~immer noch~~ zu wie in einem aufgescheuchten Ameisenhaufen. Viele Menschen hatten in der Bahnhofstraße ihre letzten Weihnachtseinkäufe getätigt und wollten jetzt möglichst schnell nach Hause fahren.

Genau hier wollte Eleusius auf die großen Menschheitsfragen aufmerksam machen.

Er trat zu einer mit Paketen beladenen jungen Frau und sagte: «Halleluja!»

«Hallo», sagte sie.

«Ich bin für Auskünfte zuständig», sagte der Engel.

«Schön», meinte sie. «Dann sagen Sie mir: Wann fährt der nächste Zug nach Oerlikon?»

«Oerlikon?», sagte der Engel leicht verwirrt. «Nun, ich bin spezialisiert auf große Linien.»

«Die brauche ich im Moment nicht», sagte die Frau.

«Wir brauchen aber Richtlinien», sagte der Engel etwas vorwurfsvoll. «Wer Fragen wie: Wo kommen wir her? Wohin gehen wir? Wozu sind wir da? ignoriert, fährt nicht gut. Er ist quasi ein blinder Passagier des Lebens!»

Die Frau murmelte: «Ich versteh nur Bahnhof.» Sie warf ihm einen verstörten Blick zu und drehte sich weg.

In einem der Ladengeschäfte im Untergeschoss des Bahnhofs sprach Eleusius eine ältere Kundin an.

«Woher kommen Sie?», begann er, aber die Person unterbrach ihn sofort. «Ah, schon wieder eine Befragung? Ladenintern oder vom Konsumentenforum?»

«Von höchster Ebene», sagte der Engel würdevoll.

«Aha, die Direktion. Die bemüht sich jetzt wohl mehr als in den fetten Jahren!» Sie lächelte spöttisch und schwieg.

Da schob der Engel rasch die nächste Frage nach: «Wozu sind Sie da?»

«Also», antwortete sie, das spöttische Lächeln war aus ihrem Gesicht gewichen, «ich bin hier, um einen festlichen Pullover zu kaufen, in Anthrazit, mit Goldfäden.»

Sie schaute prüfend, ob der junge Mann Verständnis dafür zeigte, da machte sie etwas an seinem wachen Blick betroffen. Mit einem Mal sah sie wie in einem Film ihre jetzige Lebensphase: dunkelgrau bis anthrazit. Es fehlten Friede, Freude, Herzlichkeit darin, kurz: die Goldfäden. Sie entschloss sich, anstatt einzukaufen, sofort nach Hause zu gehen, Musik zu hören und ihre einsame Nachbarin zu einer kleinen Mahlzeit einzuladen.

Auf der Rolltreppe stand neben Eleusius ein junges Mädchen. Es hatte rot verweinte Augen.

«Wie geht es?», fragte Eleusius.

«Ich fliege», sagte das Mädchen.

«Wie schön. Wollen wir zusammen fliegen?»

«Sie Witzbold. Ich fliege aus der Schule.»

«Es geht nun aber aufwärts», tröstete Eleusius.

«Ja, hinauf zu den Gleisen. Dort, der Zug nach Basel, der ist wohl schon weg?»

«Nein, er steht noch da. Für Sie ist der Zug noch nicht abgefahren!»

Sie warf ihm einen dankbaren Blick zu und entfernte sich eilig.

Einem alten Mann auf der Rolltreppe nahm Eleusius mit dem versteckten Flügel etwas vom Gewicht seines Gepäcks.

«Woher kommen Sie? Wohin gehen Sie? Wozu sind Sie da?», fragte ihn der Engel.

Er komme aus Winterthur, sei wieder auf dem Weg dorthin, sei hergekommen, um die letzten Einkäufe zu machen. «Hier, für die Schwiegertochter, eine Kaffeemaschine, verdammt schwer», antwortete der Mann auf die großen Menschheitsfragen.

Eleusius trat vor den Bahnhof und beobachtete, wie vor ihm auf der Geschäftsstraße die Türen der Läden und Büros geschlossen wurden.

Er fühlte sich erschöpft von so viel Hektik.

Langsam überquerte er den Bahnhofplatz, schlenderte den letzten Wellen von Passanten entgegen und nahm einen Seitenweg zum Fluss hinunter. Hier war es ruhiger.

Er blickte träumerisch in das träge dahinfließende Wasser, auf dem die Sterne des Nachthimmels blinkten. Sie mischten sich mit den Lichtreflexen der Weihnachtsbeleuchtung und tanzten in stiller Eintracht auf dem Wasser. Ein Schauer von Heimweh nach den lichten Gefilden des Himmels streifte ihn.

Da hörte er eine Stimme neben sich: «Nachdenklich?»

Ein gut gekleideter junger Mann war neben ihn getreten, blickte in derselben Richtung aufs Wasser und atmete ruhig die kühle Winterluft.

«Ja, nachdenklich, das ist ein guter Ausdruck», sagte Eleusius.

Der Mann nickte. «Es ist ja heute auch ein besonderer Abend. Einer, an dem plötzlich Fragen auftauchen wie: Wo komme ich her? Wo will ich hin? Wozu bin ich da?»

Eleusius schreckte aus seiner Trance hoch und blickte den Fremden verdutzt an.

«Die haben Sie aber nicht selber erfunden, diese Fragen?»

Auch der Fremde war erstaunt: «Doch, doch. Aber ich gebe zu, die Fragen kommen mir nicht erst seit heute. Sie sind schon seit längerem in meinem Kopf. Sie sind fast zu meinem Kopf geworden.»

Eleusius wollte sich über diese Äußerung freuen, doch er bemerkte den traurigen Ausdruck im Gesicht des Fremden.

«Aber das sind doch wundervolle Fragen», wollte Eleusius ihn aufheitern. «Sie zielen, wenn ich das so sagen darf, auf das Wesentliche.»

Der Fremde lächelte gequält. «Ja, vielleicht haben Sie recht. Vielleicht tue ich den Fragen unrecht, wenn ich sie so schwer auf mir lasten lasse. Aber sie sind nicht ohne Grund bei mir. Ab kommendem Januar habe ich keinen Job mehr. Da kommt man ins Grübeln.»

«Ja, Arbeit ist etwas Wichtiges, wenn ich mich richtig erinnere», antwortete Eleusius.

«Sie arbeiten nicht mehr?», fragte der Mann interessiert.

«Doch, schon. Aber nicht mehr in diesem herkömmlichen Sinn.»

«Oh, Sie Glücklicher! So weit wollte ich es auch gern bringen. Ich war bei einer Bank, Investment. Als es der Bank noch hervorragend ging, habe ich gedacht: In zwei, drei Jahren habe ich mir einiges verdient, dann kann ich es leichter nehmen. Aber es ist anders gekommen. Und Sie? Was arbeiten Sie?»

Eleusius versuchte, unverbindlich zu bleiben, und sagte: «Ich mache Freiwilligenarbeit.»

«Welch noble Geste für die Menschheit. Ich bewundere Leute wie Sie», rief der junge Banker aus. «Da erscheint mir mein Leben wie eine dürftige Episode aus einer Vorabendserie. Viel Lärm um wenig.»

«Sie dürfen nicht zu streng sein mit sich», belehrte ihn Eleusius. «Sie sind auf einer interessanten Spur. Plötzlich ändern sich die Dinge.»

«Sie meinen, da kommt bald wieder ein Aufschwung?»

«Gewissermaßen ja. Eine Art innerer Aufschwung.»

«Aha. Der Aufschwung beginnt im Kopf. Das sagen sie alle.»

«Ja, das sage ich auch.» Eleusius sah den Fremden an. «Ich hätte gerne noch länger mit Ihnen gesprochen. Aber ich habe noch einen Termin mit meinem Management.»

Eleusius ging weiter den Fluss entlang. Als er zum See kam, stellte er sich an der Quaibrücke aufs Geländer und warf einen Blick auf die vor Lichtern funkelnde Stadt zurück. «Was für ein liebenswert verrückter Ort ist diese Welt», murmelte er. Dann tat er einen tiefen Seufzer.

Mit einem Schwung seiner Flügel hob er ab Richtung Nachthimmel.

Tief unter ihm hallte sein Seufzer hundertfach nach, in Telefonleitungen, Datenkabeln und auf Festplatten, erzeugte die kunstvollsten himmlischen Phrasen und Paraphrasen, ließ auf den Bildschirmen der Leute Sätze erscheinen wie: «Woher kommen wir? Wohin gehen wir? Wer sind wir?» Unweit der Bahnhofstraße, in einem der großen Computernetze einer Bank, ging ein Virenalarm los, was aber nicht verhindern konnte, dass am ersten Börsentag nach Weihnachten gewisse Kursschwankungen mit Bemerkungen ergänzt waren: «Wohin gehen wir? Sind wir noch da?» Ein Zwischenfall, der kritischen Bankern die Brüchigkeit ihrer Mission für diese Welt vor Augen führte.

Eleusius flog inzwischen flott aufwärts, von seinem Herzen ließ er sich geradewegs nach oben leiten. Bald lag die Erdkugel als friedlicher blauer Ball unter ihm. Immer freudvoller schwang er sich in die Weiten des Himmels empor, Musik erfüllte die Räume. An der Himmelspforte erwarteten die Willkommensengel die Heimkehrer.

Als Petrus erschien, zog er die Nase kraus. «Hier muss dringend gelüftet werden! Es riecht in den heiligen Hallen nach Pizza Margherita, und drüben an der Wolke klebt ein Duftmolekül von Chanel No. 5! Bedeutet das, dass Segafredo aus Trastevere und Hyazinth aus Paris zurück sind?»

Die Engel bejahten und lachten.

«Das himmlische Management soll seine Großzügigkeit bloß nicht bereuen müssen», murmelte Petrus. Da sah er Eleusius eintreten. «Nun, nun, Eleusi.» Petrus runzelte die Stirn. «Ein paarmal hätte ich dich ja an den Ohren zupfen müssen. Als du da oben auf dem Weihnachtsbaum gesteckt hast, zum Beispiel. Oder als engelisches Suppenhuhn auf der Skipiste. Aber summa summarum, Eleusi, Engel im zweiten Lehrjahr, muss ich sa-

gen: Für einen Anfänger hast du dich redlich bemüht.»

«Friede im Himmel wie auf Erden», antwortete Eleusius und lächelte.

Inhalt

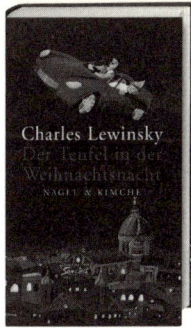

Charles Lewinsky
Der Teufel in der Weihnachtsnacht
64 Seiten, gebunden
978-3-312-00465-2

Mitten in der Nacht hat der Papst einen schrecklichen Traum. Der Teufel steht vor seinem Bett und führt ihn in Versuchung. Oder ist es gar kein Traum? Steht da wirklich und seinem Namen alle Ehre machend der Leibhaftige? Mit der erzählerischen Raffinesse, der spitzen Feder und dem Sinn für Komik, für die er berühmt ist, lässt Charles Lewinsky die ranghöchsten Autoritäten unterhalb des Herrgotts gegeneinander antreten.

»Der für seine Bissigkeit und schwarzen Humor bekannte Schweizer Schriftsteller Charles Lewinsky hat ein Possenspiel auf den Kampf zwischen himmlischer Herrlichkeit und teuflischer Verschlagenheit geschrieben, das bei aller Bösartigkeit herzlich lustig ist.«

Susanne von Mach, *Main-Echo*

NAGEL & KIMCHE